27
Ln 13363.

LA LIBERTÉ CIVILE

ET LA

JUSTICE CRIMINELLE

PARIS. — IMPRIMERIE DE HENRI NOBLET, RUE BAC, 30.

LA LIBERTÉ CIVILE

ET LA

JUSTICE CRIMINELLE

PAR

TH. MANNEQUIN

PROCÉDURE CRIMINELLE. — PRISON PRÉVENTIVE.
LIBERTÉ INDIVIDUELLE. — LIBRE DISPOSITION DES BIENS.
THÉORIE GÉNÉRALE DE LA LIBERTÉ.

PARIS
LIBRAIRIE DE GUILLAUMIN ET Cie, ÉDITEURS
de la collection des principaux économistes,
du Dictionnaire de l'économie politique, etc., etc.,
RUE RICHELIEU, 14.

1860

LA LIBERTÉ CIVILE

ET LA

JUSTICE CRIMINELLE

Il est des douleurs individuelles dont la société tout entière devrait souffrir ; ce sont celles que la loi inflige à tort au nom d'un droit collectif, obscur souvent, et parfois cruel. Ce qui se passe dans une âme digne et légitimement fière, alors qu'une pareille douleur l'atteint, est indicible ; l'imagination peut à peine s'en faire une idée. Qu'on se figure un innocent condamné à mort ou aux travaux forcés; est-il des expressions pour rendre sa stupeur et son supplice moral ? Le calme de sa conscience allège, dit-on, le poids de sa peine, peut-être ; mais le sentiment de son innocence et de son impuissance à la faire triompher dépasse tout ce qu'on peut rêver de plus désespérant. Ces cas extrêmes sont rares heureusement ; mais que de luttes semblables dans des proportions moins poignantes ?

L'auteur de ce travail a été lui-même victime d'un de

ces malentendus déplorables. Impuissant à se justifier devant une désolante persistance de la justice criminelle à maintenir contre lui une imputation erronée, il a subi quarante et quelques heures de prison préventive qui l'ont fait réfléchir sur un pareil sujet plus que n'auraient pu le faire, peut-être, de longues et laborieuses années d'étude. Étranger à la science du droit, il n'aurait jamais songé à aborder les questions compliquées qu'il a en vue; mais il est des circonstances qui obligent, et il lui semble que celle de son arrestation imméritée en est une; le lecteur en jugera. Son intention, bien entendu, n'est pas d'écrire un libelle contre les lois de son pays, bien moins encore de faire le procès aux agents à qui incombe la triste charge de les appliquer dans ce qu'elles ont de plus sévère; plus nobles sont les aspirations de sa pensée qu'aucune passion vindicative n'agite. Qu'il contribue, pour sa faible part, à effacer de notre législation criminelle les derniers vestiges de barbarie dont elle est encore empreinte, et ce sera la plus douce réparation qu'il puisse ambitionner.

L'expérience qu'il vient d'acquérir l'autorise à poser en fait, *que la justice criminelle en France n'est pas suffisamment en garde contre les tendances intéressées des parties qui lui adressent des plaintes; qu'elle leur prête trop facilement son concours; qu'elle change ainsi à leur profit et au préjudice des parties inculpées sans fondement, les conditions naturelles du procès civil qui suit ordinairement son intervention, et qu'elle ne fait rien ensuite pour rétablir les choses dans leur état primitif;*

Qu'elle accepte, à côté de la plainte écrite, une plainte supplémentaire verbale, composée d'insinuations perfides dont l'objet est à la fois de peser indirectement sur l'instruction, et de faire échapper le plaignant à la responsabilité qu'il devrait encourir;

Que l'instruction n'a pas le caractère d'un examen contradictoire des allégations du plaignant; qu'elle enferme l'inculpé dans un cercle étroit et oppressif tracé par le soupçon et la prévention;

Que le juge d'instruction, en contact permanent avec de véritables criminels, prend à leur égard des habitudes de défiance, de sévérité et de mépris qui le dominent à son insu en présence d'un inculpé innocent;

Qu'enfin la mesure extrême de l'incarcération préventive, châtiment anticipé par elle-même et source éventuelle de malheurs incalculables par ses conséquences, s'applique trop souvent, dans ses conditions actuelles surtout, à des hommes que leur caractère, leurs antécédents et leur position devraient recommander à la bienveillance de la justice.

Les faits qui suivent justifieront suffisamment cette opinion de l'auteur. Il les expose avec une profonde répugnance, par la raison qu'ils le concernent personnellement; cependant il ne peut se soustraire à une pareille nécessité sans priver son argumentation de l'autorité inhérente à ces mêmes faits. Ce qu'il promet d'avance, est une extrême sobriété de détails, sa thèse dut-elle même en souffrir; mais elle en souffrirait davantage, si un excès contraire fatiguait la patience du lecteur dont il attend la sympathie et le concours pour les réformes qu'il a en vue.

Septembre 1860.

I

Dans le midi de la France, au commencement de février dernier, mourut un Américain espagnol fort riche, mais dont la fortune — plusieurs millions — lui était disputée judiciairement à Londres, depuis quinze mois environ, par un frère à qui il en avait confié la gestion quelques années auparavant. Ce procès ne contribua pas peu à hâter le terme de ses jours ; il en était convaincu, et ses dispositions testamentaires sont empreintes du ressentiment profond que cela lui inspirait. Il y désigne ce frère en termes amers, et le qualifie de spoliateur. Ses dernières affections s'étaient concentrées sur un enfant naturel qu'il avait eu à Paris et sur la jeune femme qui le lui avait donné ; il en avait fait sa société presque exclusive pendant sa longue et douloureuse maladie, jusqu'au moment fatal où la mort l'enleva à la tendresse de tous les deux et aux soins de celle dont il voulait faire son épouse. On comprendra mieux encore un pareil attachement, si l'on songe que, dans sa triste position, cet infortuné se voyait abandonné et persécuté par les membres de sa propre famille qui lui devaient le plus d'amour et de reconnaissance. Il n'y a donc pas lieu à s'étonner de ses dispositions testamentaires en faveur de ceux qu'il considérait comme une nouvelle famille. Malheureusement, de telles dispositions dépendaient en grande partie du procès de Londres, et en totalité de la validité de l'acte qui les contenait, acte conçu à un point de vue exclusif, et qu'on ne devait pas manquer de contester avec acharnement. Il pressentait sans doute les difficultés dont ses dernières volontés seraient entravées, du moins pour un certain temps, et il voulut y parer d'avance. Ainsi s'explique, à mon sens, un don manuel qu'il fit à la mère de son enfant plusieurs mois avant sa mort. La juridiction anglaise, sous la protection de laquelle il paraît avoir voulu se placer, justifiait tout cela.

Je n'ai pas à examiner ici la valeur légale de toutes ces dispositions; un pareil examen, fut-il de ma compétence, je n'aurais pas encore à le faire. Le testament a été fait loin de moi et à mon insu; il est régulier dans la forme, et, quant au fond, on doit le croire conforme aux intentions du défunt, puisqu'il est écrit en entier de sa main; enfin, j'en suis exécuteur(1). Cela suffit pour que je me croie obligé de le respecter et de le faire respecter autant que possible par quiconque prétendrait l'attaquer. Le don manuel doit avoir le même caractère à mes yeux. Bien qu'il ne m'impose aucun devoir légal, je sens que le défunt m'en a tacitement confié la défense, comme de ses autres volontés. L'élection pour ses exécuteurs testamentaires de deux de ses amis, dépositaires de ses pensées les plus intimes, atteste qu'il ne voulait pas limiter leur mission à la lettre étroite et froide des prescriptions de leur mandat.

(1) Nous sommes deux. Mon co-exécuteur habite l'Angleterre.

Tels sont les faits qui ont appelé récemment l'attention de la justice criminelle. En les jugeant, ma conscience et ma raison les ont trouvés parfaitement légitimes, mais cela ne suffisait pas à ma propre sécurité, et bien moins encore à la sauvegarde des intérêts importants que les circonstances avaient placés sous ma débile protection. Des hommes spéciaux furent donc consultés à ce sujet, tant par moi que par la personne directement intéressée au testament et à la donation. Deux avocats, un notaire et un avoué, tous quatre aussi honorables que distingués dans leurs professions respectives, s'entendirent pour nous diriger. Rien ne leur fut caché, et rien non plus ne se fit qui n'eût été approuvé ou conseillé par eux. Dans de pareilles conditions, pouvais-je penser que ma probité allait être soupçonnée et ma liberté compromise? Il en fut ainsi pourtant. En effet, sur une plainte du frère du défunt, celui-là même qui retient indûment la fortune objet du procès de Londres, la justice criminelle intervint. Sans examiner suffisamment la qualité du plaignant, ni sa moralité, ni les fondements de sa plainte, elle préjugea, au sujet du don manuel dont je viens de parler, un détournement frauduleux, et exigea la restitution immédiate de la somme donnée. Cette somme, consistant en fonds publics anglo-américains qui ne circulent qu'en Angleterre, était à Londres, où, sur l'avis de nos conseils et avec l'autorisation de la donataire, agissant comme propriétaire, j'étais allé en réaliser une partie et déposer le reste. Ce déplacement parut au juge d'instruction une preuve suffisante du détournement présumé, et, par conséquent, de ma complicité dans sa perpétration. Il convient de remarquer néanmoins que ce n'est pas tant le délit en lui-même qui préoccupait la justice que son objet, autrement elle n'aurait pas laissé en liberté le principal coupable, la donataire. Ainsi, c'est dans la possession de cet objet qu'était le crime, à ses yeux, non dans les moyens d'y parvenir. Cette circonstance est digne de fixer l'attention des criminalistes. Je ne pouvais rendre immédiatement l'objet en question, puisqu'il était en Angleterre; j'en livrai le récépissé de dépôt, et, malgré tout, on m'arrêta.

Je renonce à dire ici la stupéfaction que cette mesure cruelle et imméritée me causa. Je comprends, jusqu'à un certain point, l'emprisonnement sans cause suffisante, alors que le zèle ou la passion politique intervient. Mais, sur une dénonciation de partie civile, toujours suspecte nécessairement de partialité et de colère, arrêter une personne que tout recommande, d'ailleurs, à la bienveillance de la justice, voilà qui me confond et m'afflige profondément. J'étais conduit au dépôt de la préfecture de police un samedi soir, et le surlendemain, lundi, après un jour de repos que la justice observe et que l'innocent atteint par elle souffre, on me mettait en liberté sans qu'aucune des circonstances qui avait motivé mon arrestation fût changée. Je n'ai pas besoin d'autre justification. Cependant il importe à l'intérêt supérieur que j'ai en vue de montrer les raisons d'équité naturelle, peut-être aussi de droit positif, qui devaient commander l'abstention de la justice criminelle à mon égard.

Je ne doute pas que la plainte portée au parquet n'ait

été l'objet d'un examain consciencieux; j'avoue même, qu'accompagnée des insinuations perfides et calomnieuses dont le plaignant s'était armé, elle dût paraître fondée en vraisemblance; dès lors une instruction pouvait paraître indispensable. Mais, ai-je besoin de dire qu'un pareil examen manque absolument des conditions essentielles qui entraînent la conviction? Il fallait donc que l'instruction qui en était la conséquence en fût la contre-épreuve, autrement dit la contradiction. Où sera la garantie des inculpés, s'il n'en est pas ainsi? J'ai la douleur de constater que l'interrogatoire dont je fus l'objet avant mon arrestation, n'eut pas ce caractère. On se contenta de me demander si j'étais dépositaire de la somme prétendue détournée, ce à quoi je dus répondre affirmativement; puis, sans me permettre aucune explication justificative touchant le don qui en avait été fait et la possession régulière qu'en avait eue la donataire, longtemps avant la mort du défunt et hors de leur résidence commune, on me mit en demeure de la rendre immédiatement. Je ne pouvais obtempérer à une pareille réquisition, et mon emprisonnement, loin de me mettre en aptitude de le faire, y mettait un obstacle invincible, en même temps qu'il permettait à d'autres, sans égard pour ma propre situation, de rendre toute restitution impossible de ma part. N'était-il pas équitable, cependant, qu'on me donnât connaissance de la plainte? Peut-être même n'eût-il pas été de trop de me confronter avec le plaignant. On m'assure, et je n'ai pas lieu d'en douter, que je fus de la part de M. le juge d'instruction l'objet d'attentions et de considérations exceptionnelles ; je me plais à lui en témoigner ici toute ma gratitude ; mais je puise dans la circonstance même de son indulgence un nouveau motif de déplorer les procédés ordinaires et obligatoires, à ce qu'il paraît, de sa fonction. Qu'aurait-il donc fait sans indulgence ?

Avec des procédés moins sommaires et moins dédaigneux du droit des inculpés, j'aurais pu développer devant mon juge d'instruction les raisons qui ont commandé plus tard son ordonnance de non-lieu, et la justice n'en aurait été que plus satisfaite. J'aurais fait comprendre que le plaignant n'avait pas qualité pour se plaindre, attendu que sa prétention d'héritier à réserve (1) lui est absolument niée par une déclaration authentique du défunt, dont les tribunaux anglais sont saisis ; j'aurais pu, d'ailleurs, faire naître des doutes graves sur sa moralité, en invoquant le témoignage du testament même de son frère, où il est accusé de spoliation, et où les exécuteurs testamentaires sont requis de le poursuivre à outrance avec défense expresse de transiger. Quant aux fondements de sa plainte, ils ne tiennent pas davantage devant un examen sérieux. C'est sur la déclaration même de la donataire touchant la somme en question, déclaration faite depuis plus d'un mois au notaire chargé de l'inventaire des effets du défunt, et renouvelée devant le juge de paix

(1) Par un jugement rendu à Londres dernièrement, le testament en question a été validé et déclaré anglais; en sorte qu'aucun parent du testateur, autre que son enfant naturel, ne peut se prétendre héritier, ni par conséquent intervenir dans les affaires de la succession.

qui apposa les scellés, qu'il a pu accuser de détournement. Sans cette déclaration, aucune indication ne pouvait le mettre sur la trace des valeurs supposées détournées, et, ces valeurs eussent-elles été véritablement détournées, la justice criminelle n'aurait pas pu procéder contre la donataire, parce qu'il n'y avait ni flagrant délit, ni présomption suffisante. Mais sa plainte tombe bien mieux encore, s'il est possible, devant les tendances trop manifestes qu'il a confessées lui-même en plus d'une occasion. Ce qu'il veut, c'est priver la donataire et son enfant des ressources qu'une affectueuse prévoyance leur avait assurées. Il espère qu'à défaut de fonds le procès de Londres sera abandonné par la succession, et que la fortune dont son frère l'accuse d'avoir voulu le *dépouiller* lui restera sans conteste. Un simple séquestre sur la somme prétendue détournée comblait provisoirement ses vœux, et c'est à la justice criminelle qu'il ne craignit pas de le demander. De pareilles raisons, appuyées de l'opinion éclairée et désintéressée de nos conseils, auraient certainement ébranlé, sinon dissipé, les préventions du parquet, et, tout au moins, on aurait sursis aux mesures de rigueur. Pourquoi donc se refuser à les entendre?

Mais que dire de mon arrestation? Je suis dépositaire de bonne foi et ostensiblement, c'est-à-dire à la connaissance de mes conseils et même sur leur avis. Où donc est le délit? D'ailleurs, si la somme déposée n'appartient pas à la donataire, question purement civile dont la justice criminelle n'a pas à se préoccuper, elle appartient à la succession, et ma qualité d'exécuteur testamentaire fait encore qu'elle est bien et dûment placée entre mes mains. M. le juge d'instruction la trouvait-il trop considérable pour ma responsabilité? Mais c'est encore là un souci qu'il ne lui convenait nullement d'avoir. Le testateur s'est montré plus confiant en me donnant, conjointement avec un autre de ses amis, l'administration des trois ou quatre millions dont il dispose. Quoi qu'il en soit, un pareil souci ne pouvait jamais autoriser mon arrestation.

Une dernière réflexion à ce sujet : Je suis attaché à une légation étrangère, et le privilége diplomatique auquel j'ai droit en cette qualité devait me mettre à l'abri des poursuites du parquet. M. le juge d'instruction le savait, et cependant il n'en tint pas compte. Cette considération, s'ajoutant à tant d'autres déjà, aurait dû pourtant tout au moins le disposer à plus de ménagements. Non-seulement il ne tint pas compte de mon caractère exceptionnel, mais, en l'apprenant, son greffier me demanda avec une certaine vivacité si j'étais citoyen français. Craignaient-ils que je n'échappasse à leur juridiction (1)?

(1) Toute fonction engendre à la longue une sorte de manie professionnelle qui consiste à faire ce qu'on appelle *de l'art pour l'art* dans les attributions dont on est chargé. Cette manie n'est pas toujours heureuse, on le conçoit facilement; souvent même elle ne l'est pas dans certaines fonctions qui se proposent d'amuser le public; c'est bien autre chose dans celles qui ont pour objet de le contenir ou de le châtier. Ajoutons à cela le caractère que prend une pareille manie chez les natures vulgaires et malveillantes, et on n'y pourra songer sans frémir. Je crois qu'en m'adressant sa question sur ma nationalité, le greffier du parquet cédait à l'influence commune. Je ne lui en fais pas un reproche, il est devenu mon ami; je constate le fait uniquement pour montrer combien la tendance est irrésistible, car mon ami est un esprit d'élite, et de plus un poëte charmant.

que le privilége diplomatique soit discutable ou non dans ma personne, — la question ne pouvait pas être décidée ainsi, — je ne voulus pas l'invoquer ; il m'eût semblé humiliant de devoir à la faveur ce que ma conscience et mon droit pouvaient réclamer hautement (1).

De tout ce qui précède et de l'ordonnance de non-lieu qui termina l'instruction commencée d'une manière si dramatique, il résulte clairement que rien ne motivait les rigueurs dont je fus l'objet ; il faut donc qu'à côté des faits allégués par la plainte écrite, se soient trouvées des insinuations calomnieuses. J'ai de puissantes raisons de le croire. Quelles que soient ces insinuations, le lecteur intelligent comprendra que leur influence sur les dispositions de la justice a quelque chose de profondément regrettable. Le parquet ne devrait accepter que des plaintes écrites et s'interdire, comme une atteinte au droit de défense, comme une sorte d'encouragement à la plus dangereuse des diffamations, tout usage des rapports verbaux qui lui sont faits ; elle devrait tout au moins dresser scrupuleusement procès-verbal de tous ces rapports et en laisser la responsabilité entière à leurs auteurs. Elle ne le fait pas, et de plus elle abrite, sous le secret de sa procédure, la malveillance et la mauvaise foi des gens qui réclament son concours.

(1) Depuis huit ans que j'ai l'honneur de faire partie du corps diplomatique, j'ai eu plus d'une fois l'occasion de remarquer que les immunités de ses membres sont souvent ignorées des fonctionnaires français, de ceux-là mêmes dont les fonctions supposent la connaissance du droit des gens. Les États puissants d'Europe ne tolèrent pas une pareille ignorance dans les États faibles de l'Orient, de l'Inde et de l'Amérique.

BIBLIOTHÈQUE IMPÉRIALE

II

Si mon arrestation eût été illégale, le mal, à mon p de vue, serait beaucoup moins grand; j'aurais été vict d'un acte arbitraire, et la responsabilité n'en retombe directement que sur son auteur. Il n'en est pas ainsi n heureusement. J'ai été arrêté légalement; le caract honorable du juge d'instruction qui a ordonné la mesu le prouve suffisamment; là est la grandeur du mal. souffert dans mon droit naturel, dans ma dignité; j'au pu souffrir énormément dans ma fortune, et tout ce encore une fois, légalement. C'est dans cette légalité, le répète, qu'est la grandeur du mal. Comment de pareil choses peuvent-elles s'accorder avec l'esprit de no temps? C'est là une question pleine d'intérêt, mais à p près inconnue du public. Elle est restée jusqu'à prés dans le domaine exclusif de la spéculation philosophiq et il est à craindre qu'elle n'en sorte pas de longtem Je veux tenter un modeste effort cependant pour l' faire sortir. On ne m'accusera pas, en tous cas, de laisser dominer par des préjugés de spécialiste. Quan l'accusation contraire, je m'y résigne d'avance et je ma tiens mon titre contre ses arguments.

En France, nous n'avons pas communément une id bien saine du droit individuel; nous en sommes encor cette maxime antique et barbare que *la société est tout*, *l'individu rien*, et ce point de départ, père du communisme de toutes les nuances, nous fait aisément fermer les yeux sur les abus qu'un prétendu intérêt social autorise. Il y a quelques mois à peine, j'ai cédé moi-même à cette funeste inclination. Il s'agissait de ce procès devant la haute cour de la chancellerie anglaise dont j'ai parlé plus haut; si ce procès se jugeait en France, disais-je avec un mouvement mal dissimulé d'orgueil national au *solicitor* qui m'en expliquait les nombreuses péripéties, notre adversaire se trouverait en présence de juges plus sévères, et peut-être n'échapperait-il pas à une action criminelle; puis, faisant allusion à l'activité bien connue de notre ministère public, j'ajoutais ce mot consacré : Nous avons chez nous une *justice expéditive*. Je ne disais que trop vrai. Comme cet aristarque de la fable, qui trouvait mauvais que les glands poussassent sur les chênes, tandis que les citrouilles rampent sur le sol, un gland de plomb allait bientôt changer en une amère douleur ma présomption irréfléchie. J'ai compris depuis combien l'extrême circonspection de la loi, dans les questions civiles qui paraissent impliquer un délit, est nécessaire à la garantie des droits individuels, et j'ai humilié ma raison devant la scrupuleuse sagesse des criminalistes anglais. Non-seulement chez nous la justice criminelle intervient facilement dans les questions civiles, et procède vite, mais encore elle procède trop exclusivement sous l'empire des préoccupations suggérées par la plainte, et semble méconnaître entièrement le principe salutaire de la contradiction dans sa manière d'instruire. Mon interlocuteur anglais avait-il donc raison en prétendant que la justice française préjuge le crime jusqu'à preuve contraire, tandis que c'est l'innocence qui est préjugée en Angleterre? Je ne sais; toujours est-il que chez nous un abîme moral sépare l'accusé de son juge. Celui-ci prend, à l'égard du premier, une attitude calculée de malveillance; sa physionomie porte l'empreinte de cette conviction que toute sympathie, toute sensibilité, toute compassion, sont incompatibles avec sa fonction; il s'efforce de paraître terrible, et il n'y parvient que trop; tout en lui et autour de lui signifie défiance, soupçon, accusation, vengeance. Il peut tout enfin, et il se sent irresponsable. Que reste-t-il au malheureux inculpé enveloppé de ce sombre appareil? Rien; il est anéanti. Chez nos voisins d'outre-Manche, le sentiment de la liberté et de la responsabilité qui accompagne l'homme dans toutes les situations de sa vie publique et privée, se retrouve encore dans le juge et dans l'accusé; il modère l'action du premier et soutient la force morale du second; il fait enfin que l'un et l'autre soient encore des hommes, tandis que, chez nous, ils ne le sont plus, la loi plaçant l'un au-dessus, l'autre au-dessous de cette condition. Pour juger de notre procédure criminelle, une simple réflexion suffit : l'appareil terrible dont elle s'enveloppe n'agit que sur les âmes encore généreuses, et d'autant plus vivement que les âmes sont plus généreuses. Impuissante auprès du criminel endurci, elle torture avec excès le malheureux disposé à résipiscence, et martyrise sans pitié l'innocence.

La société est tout, l'individu rien. Quelle étrange in-onséquence! La société n'est que par l'individu et ne oit être que pour lui, pour sa plus grande satisfaction. existe certainement un droit collectif, mais ce droit ne eut jamais être la contre-partie du droit individuel. Il aît de la limitation de celui-ci par lui-même, alors que eux ou un plus grand nombre d'individus se trouvent en résence, et de la nécessité de mettre en commun des iens et des facultés dont l'homme ne jouit que dans l'é-at social. Cette limitation et cette nécessité amènent des rrangements qui ont pour objet la garantie, non la des-ruction du droit individuel. On peut se représenter le lroit individuel comme la propriété du sol, avec ses li-nites et les voies publiques qui en permettent l'usage, et cette analogie parfaite étant donnée, on ne doit pas vou-loir que les limites envahissent le droit individuel plus que la propriété. Comprendrait-on une campagne couverte de haies, de fossés et de chemins, à ce point qu'il n'en reste-rait plus suffisamment pour l'agriculture? En retournant la vieille maxime en question, on arriverait à ceci : *L'individu est tout, la société rien;* on ferait certainement encore un contre-sens, mais du moins on ne s'exposerait, dans la pratique, à aucun mécompte. En effet, suivant cette nouvelle formule, la pratique s'attacherait principalement à garantir l'individu contre toute atteinte à ses droits, et, comme la société ne peut souffrir que dans les individus qui la composent, elle se trouverait parfaitement protégée.

Quand le droit s'appelle liberté — c'est son nom généri-

que, car tous les droits dérivent de la liberté, — on
souvent qu'il devient licencieux. Autre inconséquence.
comprends la liberté et la licence, mais ces deux mo
sont essentiellement exclusifs l'un de l'autre. Comme
droit, la liberté est relative et réciproque ; or la licenc
autrement dit l'abus, faisant nécessairement cesser la r
ciprocité, la liberté cesse du même coup, par conséquen
L'abus ne doit s'entendre que de la force ; on n'abuse,
réalité, que de la force. Pour bien comprendre cette thé
rie, il faut supposer la liberté déterminée par les arra
gements sociaux, et il n'en peut pas être autrement.
m'explique. Dans son essence pure, la liberté ne saura
être déterminée ; mais qu'est-ce que la liberté dans so
essence pure ? Une chose insaisissable, une simple vi
tualité. Pour devenir une réalité pratique, il faut qu'el
prenne un corps, qu'elle se spécialise, qu'elle devien
enfin ce qu'on appelle un *droit*, c'est-à-dire une cho
sociale, relative et réciproque, par conséquent déterm
née. Pour plus de précision, prenons encore un exemp
qui frappe l'intelligence par les yeux. Je suppose un éch
quier dont les carrés représentent, par leur étendue, la forc
de l'individu, et, par leur forme, sa liberté. Si l'un des car
rés empiète sur un autre, il en résultera nécessairement deu
altérations : une dans les étendues respectives de ces deu
carrés, et une autre dans leur forme ; mais ces deux altéra
tions diffèrent essentiellement : la première n'affecte le
carrés qu'en plus ou en moins, la seconde en détruit com
plétement la forme, cette forme déterminée dont dépen
l'harmonie de l'échiquier. On peut dire, en personnifian

s deux carrés, que l'un a abusé de sa force aux dépens de ıtre, mais il serait souverainement absurde de préten- e qu'il a abusé de sa forme pour se faire rectangle ou ntagone. On n'abuse pas non plus de la liberté et des oits qu'elle engendre, on ne peut que les détruire en ne renfermant pas dans les limites que la nature des cho- s sociales leur prescrit. Un mot encore sur cette ques- n si mal comprise.

Quand on parle d'excès, on ne doit pas oublier le dom- ge qui en résulte nécessairement. S'il n'y avait pas mmage, il n'y aurait pas excès. Mais ce dommage, quel -il? C'est évidemment la privation pour les uns de dont les autres font excès. A la gamelle où mangent en mmun cinq ou six soldats, on ne s'y trompe pas. En ad- ettant donc l'expression illogique d'*excès de liberté*, on n peut pas encore conclure, comme c'est l'usage, que ns un pays où de pareils excès se commettent il y a trop liberté, puisqu'à chaque excès correspond une priva- n pour le moins équivalente à cet excès même, et d'or- naire considérablement plus grande. Commettre un *cès de liberté*, c'est voler la liberté d'autrui. A-t-on mais ouï dire que dans un pays de voleurs il y eût excès propriété? Il ne peut pas non plus y avoir excès de li- rté parce qu'on la vole. La législation de tous les pays, rtageant l'erreur commune à cet égard, il en est résulté singulier arrangement qu'elle a pris des mesures con- e les voleurs sans considération pour les volés; elle a is l'objet volé sous le séquestre, sans se croire obligée restitution envers les ayant droit; elle a fait plus, elle l'a confisqué, par disposition préventive, chez tout monde. D'un délit particulier, elle a fait une chose lég et générale. Elle a pensé sans doute que garantir effi cement la liberté, c'était la mer à boire ; là est son cuse ; cependant si elle essayait de nous donner un c de liberté, peut-être y parviendrait-elle sans trop de ficulté.

En prenant un échiquier pour exemple, je n'ai pas tendu faire de l'égalité des forces individuelles une con tion sociale nécessaire. Les forces individuelles peuv bien s'acheminer à l'égalité ou à l'équivalence, mais, attendant, elles sont ce qu'elles sont, et rien au mo ne peut faire que la société n'en subisse l'influence n'en est pas de même des droits. Les droits sont esse tiellement égaux entre eux, ou ils ne sont pas. Quand sont de même nature, cela est évident, puisque ce n' qu'un seul et même droit chez tous ; mais cela reste e core vrai quand ils en diffèrent. Ainsi, par exemple, ne peut pas admettre que le droit de propriété soit sup rieur ni inférieur au droit de circuler ni au droit travailler ; dérivant tous d'une même source, ces droit puisent tous également le caractère absolu qui en f l'essence. D'ailleurs, ils sont solidaires ; c'est dire que l moindrissement de l'un devant les autres ne serait qu'u inconséquence sociale. Le droit collectif n'est donc p supérieur au droit individuel. Dès lors, quand, par l'ef de prétentions opposées, ces deux droits se trouvent présence, il est profondément contraire à leur essen commune de sacrifier l'un à l'autre. Pourtant, c'est l'usa en France et généralement partout de subordonner au premier le second. Voilà pourquoi j'ai pu être arrêté en dépit de mon droit, en dépit, par conséquent, il faut bien le dire, de toute justice naturelle. J'admets bien que, dans son application le droit pur, comme les lois physiques, rencontre des résistances, mais on doit pouvoir calculer ces résistances. C'est pour ce calcul que j'avais consulté des hommes spéciaux, éclairés et honorables. Cela ne m'a pas préservé des atteintes de la justice criminelle. Que conclure de là ? Y a-t-il contradiction chez nous entre le droit pur et la justice criminelle ? et la loi positive est-elle en outre si obscure, si élastique, que les hommes qui la consultent et la commentent chaque jour puissent se tromper si grossièrement à son égard ? Dans mon humble conviction, je conclus que nous ne comprenons pas assez les avantages de la liberté et de la responsabilité ; cependant il ne me paraît pas impossible dès aujourd'hui de réduire considérablement les pouvoirs qui disposent de la liberté individuelle et de les soumettre autant que possible à la règle salutaire de la responsabilité.

III

Dans l'économie des sociétés tout s'enchaîne étroitement, en sorte qu'une erreur, qui n'affecte en apparence qu'une des branches de l'activité humaine, produit les conséquences les plus inattendues dans toutes les autres. Quand l'erreur procède de la législation, en réputant délit ou crime ce qui ne serait sans cela qu'une action indifférente ou parfaitement légitime, il en résulte une confusion déplorable des choses morales; il en résulte des conséquences plus déplorables encore : des condamnations identiques pour des délits et pour des personnes qu'un abîme sépare; d'où il suit qu'on rencontre dans une même prison des scélérats fieffés côte à côte avec les simples infracteurs d'une loi fiscale mal conçue, ou même avec de pauvres enfants sans domicile.

Que la loi française reconnaisse au citoyen, d'une manière générale au moins, le droit de disposer de ses biens pendant sa vie et à l'heure de sa mort, et tout aussitôt nous verrons disparaître de notre Code pénal une multitude de dispositions qui causent parfois dans leur application un douloureux étonnement, sinon d'irréparables malheurs. Nous verrons du même coup disparaître cette honteuse spéculation des parties civiles qui ne craignent pas de faire servir l'instruction criminelle et la prison préventive à leurs prétentions égoïstes. Quant aux donations manuelles ou autres, qui sont des moyens de disposer de ses biens, on n'en connaît pas toujours, il s'en faut, la véritable raison d'être ; mais il ne s'ensuit pas qu'il faille la nier ou la combattre. Cette raison peut être plus sacrée cent fois que celles de la loi pour la contester. Elle peut avoir en vue l'acquittement d'une dette d'honneur, une restitution, un châtiment indirect à des héritiers que le silence du donateur protége contre l'infamie. Elle peut encore vouloir assurer l'existence d'un malheureux enfant que la société légale rejette de son sein. Combien d'actes de suprême justice ajournés jusqu'au dernier moment, et dont l'accomplissement seul peut rendre au repos une âme troublée par les terreurs de la mort ! N'y a-t-il pas quelque chose de cruel, d'impitoyable, d'impie à chicaner avec un moribond sur les délicatesses, les scrupules, les remords de sa conscience ? Que dis-je ? ce n'est pas avec un moribond que la loi chicane ; celui-là aurait peut-être des armes redoutables pour défendre ses volontés ; c'est avec un donataire, troublé déjà par les difficultés qu'on lui suscite, humilié par d'odieuses imputations et privé, le plus souvent, des moyens de défense que son bienfaiteur a emportés dans la tombe ; c'est avec un pauvre orphelin, mal protégé par un tuteur indifférent, affairé, craintif ou même complice, quelquefois, de ses persécuteurs !

Dans le cas particulier qui m'occupe, le donateur avait toutes sortes de raisons pour agir comme il a fait. La majeure partie de sa fortune, je l'ai déjà dit, était indûment retenue par son frère. Il avait tiré ce frère de la condition l plus humble et l'avait richement doté ; ensuite il en avai fait son mandataire universel, le dépositaire et l'adminis trateur provisoire de ses biens. Réduit enfin à la douloureuse extrémité de réclamer judiciairement ces même biens, il avait intenté le procès de Londres, dont les tra casseries calculées le conduisirent à une mort prématurée. Or, ce procès coûtait énormément, et pour le continuer après sa mort, ainsi qu'il l'ordonne par son testament, il fallait assurer d'avance des subsides abondant à ceux qu'il instituait ses héritiers. De là, sans doute, l donation en question; elle est logique, naturelle, nécessaire; et si l'on ajoute la crainte toujours admissible qu le procès de Londres ne se termine mal, elle devient, e quelque sorte, une obligation, un devoir impérieux pou le donateur.

Je néglige de nombreuses considérations qui ne peuvent trouver place ici, en raison de leur nature excessivement délicate; elles ajouteraient une étrange puissanc de légitimité à la volonté de cet infortuné donateur, qu serait mort désespéré, s'il avait cru à l'inefficacité de se dispositions. En intervenant comme elle l'a fait, la justice criminelle a servi les passions et les rancunes de so persécuteur ; elle a aidé celui-ci à le dépouiller dans se héritiers après l'avoir dépouillé lui-même. Entre deux frères ennemis, elle a prononcé sans hésitation pour celui-ci qui méritait le moins sa sollicitude, et cela en dépit du témoignage le plus imposant que la conscience reconnaisse, la dernière volonté d'un mourant. La conséquence de cette intervention se trouve être précisément ce que le défunt redoutait le plus : l'abandon de son fils, sans ressources, à l'implacable inimitié qui a causé indirectement sa mort.

Dans un esprit de bienveillance, exagéré peut-être, la loi impose maintenant, en toute matière civile, si je ne me trompe, la formalité d'une tentative de conciliation devant la justice de paix. Par quel renversement d'idées peut-elle permettre que dans certains cas le juge de paix soit remplacé par un juge d'instruction, et la conciliation par l'incarcération préventive ? La facilité avec laquelle la justice criminelle prête son concours aux prétentions des parties civiles amène, en effet, cet étrange résultat. L'expérience que je viens de faire personnellement me donne le droit de dire que ce concours est la chose du monde la plus simple et la plus facile à obtenir, et je ne doute pas qu'une quantité considérable de procès purement civils ne commencent par ce terrible exorde. On allègue en faveur de ce concours de nombreux exemples de soustractions frauduleuses commises au préjudice des successions, les fortunes des familles exposées aux caprices des moribonds dont l'esprit est livré à de coupables tentatives de captation. Aime-t-on mieux protéger et garantir l'ingratitude des héritiers naturels, en abandonnant leurs vieux parents à la solitude navrante de leurs dernières années et à l'indifférence de tous ? Les vieillards et les malades sont égoïstes, dit-on ; oui, sans doute ; mais que penser aussi de ce fait que l'espérance d'une donation rend plus soigneux, plus attentifs autour d'eux des étrangers, que leurs propres enfants? Quoi qu'il en soit, en se rapprochant de la mort, circonstance assurément peu favorable à la manifestation de ses mauvaises inclinations, l'homme ne devrait pas être moins maître de sa fortune que dans le cours de sa vie; et les dispositions de notre Code civil, qui limitent sa liberté d'action dans ce cas, attestent un bien faible respect pour ses droits individuels.

En réclamant ici contre de pareilles dispositions, je suis bien loin de produire une théorie nouvelle. La liberté de disposer de ses biens en tous temps n'a pas seulement de nombreux partisans chez nous, elle est encore mise en pratique chez plusieurs nations qui ne nous le cèdent pas en puissance et en civilisation. Faut-il dire à ce sujet comme Pascal : *Vérité en deçà, mensonge au delà*? Je ne le crois pas. Une pareille contradiction, qui affecte au fond la morale pure, réclame impérieusement une réforme. En tout cas, on devrait dès à présent exclure de notre Code les pénalités, surtout les pénalités sévères s'appliquant à des actes réputés indifférents, et même légitimes ailleurs que chez nous.

IV

J'ai confessé mon insuffisance pour les questions qui précèdent; je n'en suis pas moins convaincu de l'importance capitale des raisons que je viens d'exposer, et du devoir sévère que j'avais de les produire dans les tristes circonstances qui me sont faites. Je ne me crois pas tenu à autant de réserve pour la nouvelle réforme que je vais solliciter. Il suffit cette fois d'être homme et d'avoir du cœ urpour en juger.

J'ai été enfermé pendant quarante et quelques heures dans un séjour d'horreur qu'on appelle le dépôt de la préfecture de police. Je ne saurais dire tout le mal que cette détention m'a fait. Je croyais avoir prévenu et fortifié mon âme contre tous les maux possibles de l'existence, mais celui-là n'était jamais entré dans mes prévisions, et j'en ai été comme foudroyé. Ai-je besoin d'expliquer qu'il ne s'agit pas de tortures physiques, ni de cette torture morale que la privation pure et simple de la liberté peut causer à une nature fière et impressionnable? Non, sans doute. C'est l'espèce de prévention qui pesait sur moi, c'est l'interprétation grossière que j'en entendais faire à mon arrivée par les employés de cette sorte de cour des miracles administrative, qui outrageaient ma raison et navraient mon cœur. On avait trouvé trop vague ce libellé de mon mandat d'amener : *pour répondre aux inculpations à lui faites*, et on l'avait remplacé par ces mots plus simples : *prévenu de vol*. Ainsi mon nom est désormais inscrit sur les registres d'écrou de la préfecture de police avec l'épithète de voleur. Quand je m'aperçus de cette abominable confusion, je protestai, et on me rit au nez ; j'insistai, et on m'imposa brutalement silence. Quelque revue rétrospective de l'avenir pourra exhumer un jour ce monstrueux témoignage pour en accabler ma probité (1).

Quand je passai le seuil de la préfecture de police, il me sembla qu'un abîme me séparait soudainement du monde et de la civilisation ; l'aspect sinistre du lieu, le langage acerbe et impérieux des gardiens, les formalités outrageantes du greffe, le contact avec des *compagnons* dégradés et cyniques, et par dessus tout le sentiment, bien plus poignant alors, d'une prévention infâme, produisirent sur ma raison l'effet d'un hideux cauchemar.

(1) Mon arrestation m'a pourtant valu de douces émotions; ce sont les témoignages d'estime, de confiance et même de dévouement de mes amis, aussi bien de ceux qu'une longue intimité unissait à moi que de ceux avec qui j'avais entretenu des rapports moins familiers. La crainte qu'il en fût autrement avait été, je l'avoue, une des plus grandes amertumes de ma courte captivité. Un de ces mêmes amis, que rien n'obligeait à tant de désintéressement, a eu l'insigne générosité d'offrir pour ma liberté une caution de cinq cent mille francs! Ce moyen d'élargissement n'a pas été nécessaire, heureusement; mais je n'en conserverai pas moins une vive et profonde gratitude pour celui qui l'a mis si noblement à ma disposition. Mes conseils, à leur tour, se sont empressés de revendiquer pour eux-mêmes la responsabilité des avis qu'ils m'avaient donnés, et leur déclaration a plus fait devant le parquet que toutes mes protestations solitaires.

Une telle disposition d'esprit n'est sans doute pas favorable à l'observation calme et impartiale ; mais le calme et l'impartialité font-ils à leur tour une disposition propre à juger les tourments de la prison préventive ? Assurément non. Ce n'est pas au juge, bien moins encore au bourreau qu'il faut demander compte de l'horreur d'un supplice. Quoi qu'il en soit, la prison préventive, telle qu'on l'impose de nos jours, répugne à la raison. On y voit réunis dans un inqualifiable pêle-mêle des êtres de tous les âges, de toutes les conditions et de toutes les catégories criminelles, des vieillards et des enfants, de pauvres diables en haillons et des élégants irréprochablement gantés ; des assassins que réclame le bagne ou l'échafaud, et de simples délinquants de police simple, ou même, hélas ! des innocents. On assure que, dans nos dépôts de province, les sexes se trouvent confondus. Cette promiscuité inconcevable est une image fidèle de l'égalité qui régit l'intérieur des prisons. L'égalité du supplice pour des natures si dissemblables d'habitudes, de sentiments et de moralité, quelle révoltante inégalité ! Si encore la bienveillance en était la base, il n'y aurait pas lieu de s'en plaindre ; l'innocent n'est pas jaloux des égards dont son compagnon coupable peut être l'objet ; mais il n'en est rien ; c'est au contraire cette pauvre victime de l'erreur d'un juge prévenu ou trompé, qui subit dans toute sa rigueur le régime préparé avec plus ou moins d'à-propos pour les criminels. Les prisons sont faites pour les coupables, j'en conviens ; mais faut-il ajouter à cette raison administrative : tant pis pour les honnêtes gens qu'une déplorable équivoque y jette? A cela je réponds énergiquement non! Je me préoccupe plus de ces honnêtes gens que de tous les coupables, et je souhaiterais qu'à leur considération le régime des prisons préventives fût profondément humanisé. D'ailleurs, la sûreté publique n'a nul besoin d'humilier les criminels, surtout les criminels en prévention; c'est bien assez pour elle qu'on les garde ; tout ce qui dépasse cet objet, quand il est jugé absolument indispensable, est un outrage aux mœurs de notre époque. Je me fais donc un titre de la mesure imméritée qui m'a frappé pour appeler l'attention des législateurs sur cette matière urgente, et j'ose espérer que le concours des hommes de bien, dans la presse et partout, ne manquera pas à mes efforts.

Je n'ai certainement pas la prétention de proposer un plan complet de réforme pour les maisons de détention préventive, et particulièrement pour le dépôt de la préfecture de police, mais il me semble assez facile de donner satisfaction sous ce rapport aux exigences de la philanthropie éclairée. Rien ne s'oppose, par exemple, à faire du dépôt de Paris une sorte d'hôtellerie qui offrirait une garantie suffisante pour la garde des détenus, sans livrer ces malheureux aux rigueurs excessives du règlement actuel. Chacun d'eux trouverait dans un établissement de ce genre, — dans une certaine mesure bien entendu, — les commodités essentielles qu'il consentirait à payer, et les plus pauvres y trouveraient, sous un régime uniforme, un traitement, austère sans doute, mais plein d'égards pour la dignité humaine dont ils peuvent toujours revendiquer les droits. Un pareil établissement ne coûterait pas plus à l'Etat que le dépôt d'aujourd'hui; peut-être même lui serait-il moins onéreux en raison des dépenses qu'y feraient les prévenus riches ou aisés. Quant à l'inégalité qui y régnerait, elle ne serait fondée que sur la fortune, et je ne trouve pas qu'elle mériterait plus de blâme en prison qu'au théâtre, à l'hôtel, sur les chemins de fer et partout; d'ailleurs elle existe déjà dans beaucoup de pénitenciers, et c'est en outre le seul véritable moyen, s'il en existe, de proportionner la peine de la détention aux dispositions morales des détenus.

Il conviendrait également d'éloigner d'un pareil établissement certaines administrations annexées aujourd'hui au dépôt de la préfecture de police; telle est nommément celle de la visite des filles publiques. Un détenu préventif, qui n'ignore pas cette circonstance, n'ose pas permettre à une femme qui lui est chère, sa propre femme, sa fille, sa sœur ou sa mère, d'approcher, pour le voir, les abords de la prison, dans la crainte que la malveillance n'interprète d'une manière injurieuse sa présence dans des lieux fréquentés par les prostituées.

Je sais que de nombreuses objections peuvent être opposées à une pareille réforme; mais elles ne me paraissent pas de nature à prévaloir sur celles qui la réclament. Par exemple, le nombre des malheureux que la police jette incessamment dans ces égoûts de la moralité publique qu'on appelle dépôts, est considérable, et cela rend difficile l'application d'un régime plus doux, parce que la douceur en prison se traduit en complication; ensuite, parmi ces malheureux, il en est beaucoup, en hiver surtout, qui provoquent volontairement leur arrestation afin d'échapper à un sort plus cruel, la faim et le froid, et on pourrait craindre qu'une amélioration de régime ne rendît plus fréquent ce genre de spéculation. La première partie de cette objection se résout en une question de frais; j'ai déjà dit que les dépenses des prévenus y pourvoiraient probablement; mais n'en fut-il pas ainsi, qu'elle ne mériterait pas qu'on s'y arrêtât. Quant à la seconde il est aussi pénible d'y répondre que de la poser. Il me semble pourtant bien difficile d'admettre que le nombre des infortunés réduits à chercher dans une prison un préservatif contre la faim et le froid puisse s'augmenter sensiblement par une amélioration, principalement morale du régime qui les attend. A cet égard, il est une considération saisissante pour quiconque n'est pas étranger à l'étude du cœur humain ; c'est que l'état moral que suppose une pareille infortune rend impropre à saisir une amélioration consistant principalement, je le répète, en égards de formes. Ce que demandent ces infortunés, c'est du pain et un gîte; le reste n'est qu'un superflu sans valeur pour eux; mais ce superflu, c'est précisément le pain et le gîte des natures délicates.

Si la question de nombre, d'ailleurs, était si importante, il ne serait pas impossible de la tourner. Parmi les détenus préventifs, il en est beaucoup dont le caractère est connu avant l'arrestation, et qu'il serait facile de classer. Ainsi, il y a des criminels en transit et des récidivistes; d'autres ont été pris en flagrant délit d'assassinat ou de vol ; on y trouve enfin cette classe de prévenus dont la culpabilité est plus douteuse, nommément ceux que le parquet poursuit à la requête des parties civiles. Les criminels en transit et les récidivistes pourraient bien être l'objet de mesures particulières dans les prisons ordinaires ; mais pour les autres il devrait y avoir une maison spéciale, dite maison de détention préventive, qui ferait échapper, dans le présent comme dans l'avenir, tous ceux qui y seraient enfermés provisoirement à la confusion dégradante que le public fait souvent en parlant d'un homme qui a subi la détention. On dit aujourd'hui : il a été à Mazas, ou à Sainte-Pélagie, ou à la Conciergerie, ou à la Force, et comme dans ces maisons se trouvent enfermés toute sorte de déliquants, les innocents y partagent la honte des coupables, et ceux-ci le bénéfice de l'innocence. On dirait à l'avenir : il a été enfermé à la prison préventive, et cela ne préjugerait qu'un soupçon auquel tont le monde est exposé.

Une maison de détention préventive *ad hoc*, propre à assurer la garde des détenus, sans leur refuser les égards auxquels ils ont droit, et les commodités essentielles qu'ils consentiraient à payer, ne dispenserait pas la justice criminelle de réviser sa procédure au point de vue du droit individuel. A la lumière de la simple équité, il n'est pas douteux que cette procédure ne laisse beaucoup à désirer ; elle a été conçue dans un esprit qui tient encore énormément du passé et de ses mœurs inquisitoriales ; l'esprit moderne est bien loin de l'animer autant qu'on devrait s'y attendre dans un pays tel que la France. En somme, elle paraît fondée sur un principe de moyenne, dont l'essence, comme on sait, est de manquer à l'exactitude pour tous les termes de la série qui lui sert de base, et particulièrement pour les termes extrêmes ; en sorte qu'elle n'est pas assez énergique pour les grands criminels et qu'elle l'est trop pour les petits délinquants ; quant à l'innocent, placé entièrement en dehors de la série, elle n'en suppose pas l'existence ; c'est à ses yeux une anomalie qui ne mérite pas de fixer son attention. Elle refuse même de le réhabiliter quand il succombe à la peine imméritée qu'elle lui inflige.

V

Avant de terminer ce travail, je prie le lecteur de se reporter un instant avec moi vers les circonstances qui me l'ont inspiré ; c'est le moyen d'en montrer la nature exceptionnelle et d'en atténuer les défauts, inséparables peut-être, d'une telle nature. J'ai déjà parlé plusieurs fois de mon emprisonnement de quarante et quelques heures; pour rester fidèle à ma résolution de n'entretenir le public que le moins possible de ce qui me concerne, j'ai dû passer rapidement sur les émotions qu'un pareil évènement souleva dans mon âme ; je ne veux pas faire autre chose maintenant ; néanmoins j'expliquerai en peu de mots comment l'idée d'écrire sur un sujet si étranger à mes occupations ordinaires me vint ; il le faut pour l'objet que je me propose.

Pendant la première des deux nuits que je passai en prison, nuit d'angoisses inexprimables, une pensée m'obsédait sans cesse; elle pesait sur mon esprit comme ces lourds cauchemars que le délire de la fièvre engendre et qu'aucun effort ne peut éloigner. Que penseraient de moi ceux que le bruit de ma triste aventure allait surprendre ! S'ils allaient me croire coupable ! Et comment les détromper ? S'adresser à chacun d'eux, les interroger, les dissuader ; c'est impossible ! Et le doute qu'on ne parvient pas à découvrir, ce doute cruellement généreu: qui se tait par discrétion et fuit la justification qu'on e avide de donner..... On ne saurait imaginer de plus int lérable supplice. Ne trouvant pas d'issue à un si gran malheur, je tournai cent fois dans le cercle étroit d'idé qu'enfante le désespoir, pour aboutir toujours à l hideuse solution du suicide, qui en occupe le centr fatal.

Tout à coup, comme un éclair de salut jaillit dans mo esprit; j'écrirai! me dis-je avec transport, et aussitôt me sembla que l'horrible oppression dont je souffrais s dissipait. Dans cette disposition nouvelle, j'attendis l jour avec une indicible impatience. Les heures étaier bien longues avant! mais je ne les comptais pas; je com mençai alors à les compter avec cet avide besoin d vieillir que nous n'éprouvons qu'à certaines heures su prêmes de l'existence. J'eus cependant encore des retour de désespoir, pendant lesquels mon projet me semblai paradoxal. Demander à la publicité le remède au mal qu semblait consister principalement dans l'ébruitation d ses causes, quelle inconséquence! Eh, non! c'était bien en effet, le vrai, le seul, l'indispensable remède; c'était en outre, une sorte de réparation; aussi, m'y attachan toujours davantage à mesure que j'y réfléchissais, j'alla même jusqu'à m'en exagérer la puissance et les consolations. Quel abîme de contradictions, de lumières et de ténèbres, d'aspirations sublimes et de chûtes profondes, que notre pauvre cerveau agité par le délire des passions!

Concevoir, résoudre, exécuter ce travail n'aurait été

qu'une seule et même chose sans la condition matérielle de temps absolument nécessaire à la dernière de ces trois opérations. Cependant, quand je pus me mettre à l'œuvre, on eût dit que je voulais réaliser cette impossibilité ; ma main courait sur le papier avec une activité qui tenait du vertige... Combien pourtant elle était lente à obéir aux impétueux élans qui la poussaient !

L'ébauche sortie de cette fournaise ne pouvait pas voir le jour ; j'ai dû la refondre de tous points. J'avouerai néanmoins que je ne me suis pas déterminé sans quelque peine à la défigurer complétement. Sous l'empire des circonstances qui la surexcitent, la pensée a des allures d'une étrange et saisissante naïveté ; elle est ainsi plus propre à émouvoir, mais elle ne l'est pas autant à convaincre, et je veux, avant tout, convaincre ; d'ailleurs elle a sa pudeur, que les mœurs de nos jours ont considérablement développée. J'ajouterai, à l'appui de cette détermination, que la réflexion et le temps, quand il s'agit d'une œuvre de raison, vaudront toujours plus et mieux que toutes les puissances de l'exaltation et même de l'extase qu'on a quelquefois divinisée. J'ai donc réfléchi et laissé passer du temps avant de livrer mes impressions au jugement froid du monde ; des circonstances, indépendantes de ma volonté, ont même exigé un retard, dont ma raison n'avait pas besoin pour se rasséréner. Est-il bien sûr cependant que je sois parvenu à me mettre entièrement à l'abri des suggestions du ressentiment ? Je l'ignore. Mais il est peut-être bon que cette production conserve un peu le caractère de circonstance qui lui est propre ; elle perdrait autrement son principal titre à l'intérêt de beaucoup de gens. N'oublions pas qu'elle n'est pas l'œuvre d'un jurisconsulte. Quoi qu'il en soit, je ne veux blesser personne et, surtout, je ne suis pas assez fou pour provoquer inutilement le mauvais vouloir des autorités judiciaires, dont je respecte infiniment la mission élevée et difficile.

Sous le bénéfice des réserves qui précèdent, je conjure tout lecteur, soucieux des grands intérêts de l'humanité, d'accorder quelque attention à ce petit factum. Les faits qu'il contient sont de la plus scrupuleuse exactitude, et les considérations morales dont je m'inspire pour les juger sont prises aux sources fécondes d'une active et laborieuse étude de la vie et de ses lois. On aurait préféré sans doute d'autres faits ou des faits plus généraux; mais je ne choisis pas mon sujet, et, encore une fois, je n'écris pas en jurisconsulte. D'ailleurs on peut, par la pensée, suppléer à ce qui leur manque ou même les remplacer par d'autres; la chose est facile, m'assure-t-on, tant notre législation criminelle laisse encore de place aux écarts des plus indulgentes dispositions. Je n'en puis pas dire autant de mes considérations morales et de la théorie libérale qui en découle; je tiens cette partie de mon travail pour excellente, et je n'en pourrais retrancher quoique ce soit sans en éprouver dans mon âme une véritable mutilation. Aussi je demande la permission d'y revenir en terminant, pour la défendre contre certaines objections trop accréditées encore malgré leur insuffisance et leur puérilité.

A ceux qui trouveraient subtile ma théorie de la liberté,

– je dis ma théorie, sans vouloir me l'approprier, bien ntendu, — je ferai observer qu'il en est ainsi de toutes es grandes théories à la lumière desquelles l'humanité narche depuis qu'elle a conscience de sa nature morale.)'ailleurs, est-ce que les théories contraires sont moins ubtiles? Certainement non, et, d'autre part, elles satisont moins la raison. Quelle différence les détracteurs de a théorie pure de la liberté ont-ils en vue, quand ils la omparent aux autres théories plus ou moins prépondérantes de nos jours? Celle-ci : ces dernières théories ont lus d'adhérents; elles sont plus généralement pratiquées. 'entends, et tout le monde, sans doute, entend avec moi, qu'il n'existe pas de pratique raisonnable sans théorie faite ou faisable; en sorte que ma question est bien posée. Eh bien! j'admets la différence constatée, et, loin de vouloir la déprécier en rien, je confesse que, comprise comme elle doit l'être, elle est considérable; mais il ne faut pas non plus la surfaire. Si la pratique était le seul critérium de nos jugements sur les choses de la vie, nous arriverions tout droit à la négation du progrès et de la raison. Que réforme-t-on tous les jours au sein de nos sociétés si profondément progressives? Des pratiques vicieuses. Et d'où naît l'inspiration de ces réformes? De la théorie pure, évidemment, car toute conception qui n'a pas subi l'épreuve de la pratique est purement théorique. On peut se tromper assurément en voulant réformer, mais il n'y a que celui qui ne fait rien qui ne se trompe pas, dit le proverbe; les praticiens purs aspirent-ils à ne pas se tromper?

On ne peut rien conclure *à priori* de la pratique, dan les choses morales spécialement, dont les éléments son d'une élasticité qui se prête à tout, si ce n'est qu'elle l'adhésion des praticiens ; mais de quelle valeur scienti tifique est une pareille adhésion le plus souvent ? Parfoi la pratique est forcée, et alors on ne saurait la pose comme règle de préférence. Par exemple, les boîteu pratiquent la marche et les sourds-muets la conversation Je conviens que d'autres, plus favorisés, pratiquent ce choses en même temps qu'eux et mieux ; mais cela n leur enlève rien de leur qualité de praticiens. Il faut don convenir qu'il y a pratique et pratique, comme théorie e théorie ; seulement les pratiques différentes ne donnen pas toujours lieu à des rapprochements si simples ; elle ne sont pas non plus toujours possibles simultanément puisque, dans certains cas, elles s'excluent ; alors il fau qu'elles se succèdent, et l'on a la pratique du jour et cell du lendemain. Mais comment arriver à la pratique du len demain, si dans celle du jour se trouve une raison pé remptoire de persister ?

La raison pure n'est évidemment pas favorable à l doctrine que je combats ; l'expérience le serait-elle da vatage ? Non, sans doute. Il n'y a pas bien longtemps, en effet, que la pratique était pour le roulage contre les che mins de fer, pour les télégraphes aériens contre l'élec tricité, pour les forces animales contre la vapeur, pou les instruments primitifs de nos pères contre nos machine perfectionnées, etc. En remontant plus haut dans l'his toire, les exemples sont bien plus saisissants. Elle a été partout et, dans bien des contrées de la terre, elle est encore pour la vie nomade du chasseur, du pêcheur et du pasteur contre l'agriculture. En un mot, elle a été, elle est et sera peut-être toujours quelque part pour la barbarie contre la civilisation. Je ne veux pourtant pas m'en déclarer l'adversaire systématique ; je ne combats que les aberrations qu'elle inspire. Elle a ce mérite précieux, qu'elle est connue, et qu'en la suivant on sait ce qu'on fait ; mais le connu et l'inconnu se touchent de si près dans le champ commun de l'activité humaine, que leurs limites se confondent et qu'on ne risque rien à passer de l'une à l'autre avec discernement. Ajoutons que ce passage est nécessaire au moment opportun, autrement un abîme se creuse entre les anciennes et les nouvelles pratiques, et, pour le franchir, il faut un violent effort, une révolution quelquefois.

La théorie de la liberté est trop subtile ! Eh, qu'y a-t-il de plus subtil que la théorie de la morale ? On n'y renonce pas pour cela. Les moralistes anciens, qui tenaient peu à convaincre, et qui voulaient cependant moraliser, dogmatisaient et commandaient ; c'était dans l'esprit de leur temps ; mais ils n'en devaient pas moins puiser leurs inspirations à des sources théoriques, malgré les airs prophétiques qu'ils affectaient, et la subtilité de ces sources est telle, à ce qu'il semble, que nos moralistes modernes n'y peuvent rien comprendre.

On dit encore que la théorie de la liberté est d'une pratique difficile. On peut en convenir, bien que dans un pareil jugement il y ait beaucoup d'*à priori* et pétition de principe; mais la vertu est-elle d'une pratique facile En y réfléchissant un peu, on trouve que c'est le bien e lui-même et sous toutes ses formes qui est d'une pratiqu difficile, et certes, il n'y a rien là qui doive décourage les amis de la liberté. Il ne faut pourtant pas croire à de difficultés excessives pour l'application de notre chèr théorie. D'abord elle n'est pas si étrangère qu'on le sup pose aux pratiques de la vie sociale; c'est à elle que revien l'honneur de toutes nos lois positives les mieux entendues et c'est d'elle que dérivent les plus sages habitudes d l'humanité ; ensuite, si nous pénétrons au fond des choses nous voyons bien vite qu'en somme c'est la liberté qu est la règle de toutes nos actions. D'ailleurs, il n'en peut pa être autrement, même dans les sociétés soumises au plu dur despotisme. Privez un homme de toute liberté, et n'en restera pas même une brute, car la brute a besoi de liberté ; il n'en restera que de la matière inerte, morte L'absence de toute liberté, c'est la mort. Ce n'est don pas la liberté absolument nécessaire à l'existence qu l'on réclame là où des réclamations se font entendre c'est ce qu'il en manque pour assurer à l'homme l'exercice salutaire de tous ses droits. Aussi, suis-je fort pe touché de cette raison bien connue : Vous en avez, de libertés. Sans aucun doute, on en a ; un prisonnier même a toujours la liberté de penser et de commander à se membres des mouvements que sa chaîne n'entrave pas, s'il est enchaîné ; mais cela ne suffit pas.

Si la théorie de la liberté est subtile et difficile à pratiquer, la faute en est aux esprits dédaigneux qui ne prennent pas la peine d'y réfléchir suffisamment, et qui trouvent fatigant de s'exercer aux nobles pensées qu'elle suggère. Tout est subtil et difficile à qui ne fait pas d'efforts pour comprendre. La raison a sa pratique comme les organes purement physiques du corps, et il en résulte d'incalculables facilités pour l'intelligence des choses morales. Tout le monde sait cela. Efforçons-nous donc de former notre raison à la pratique des idées de liberté, et bientôt la pratique de leur application en sortira.

Un dernier mot : J'ai considéré la liberté comme la source de tous les droits ; cela me paraît démontré par l'absolue nécessité où se trouve l'homme d'être libre, au moins dans une certaine mesure, pour vivre. Si la liberté s'identifie à ce point avec la vie, la vie morale surtout, ce n'est pas en exagérer l'importance que d'en faire découler tous les droits. Mais, de cette filiation ressort une féconde et saisissante analogie, qui mérite d'être sérieusement méditée par tous les hommes intelligents ; la voici : Tous les droits supposant des devoirs correspondants, la liberté, qui en est le principe, suppose à son tour un grand devoir, principe de tous les autres ; c'est aussi ce que nous voyons. En effet, la liberté est inséparable de la responsabilité, et la responsabilité paraît être vraiment le principe de tous les devoirs.

Privée de son corollaire indispensable, la responsabilité, la liberté ne serait plus réciproque ; par conséquent, elle ne serait plus une vertu sociale ; ce ne serait plus que la faculté individuelle de la brute sans limite morale, mais aussi sans puissance collective et sans garantie ; en d'autres termes, ce ne serait pas la liberté.

La responsabilité de chacun garantit la liberté de tous comme la responsabilité de tous garantit la liberté de chacun, et il n'y a d'ordre réel, solide et permanent pour les sociétés que dans cet équilibre, qui est la justice.

BIBLIOTHÈQUE IMPÉRIALE IMPR.

PARIS. — IMPRIMERIE DE HENRI NOBLET, RUE DU BAC, 30.

www.ingramcontent.com/pod-product-compliance
Lightning Source LLC
LaVergne TN
LVHW010108230826
846091LV00005B/2145

* 9 7 8 2 0 1 1 7 5 2 0 1 7 *